Pe. LAURO MASSERANI, C.Ss.R.

A Fé

Reflexões do Padre Lauro sobre a fé

Organizadores:
Pe. Cláudio Anselmo, C.Ss.R.
Pe. José Ulysses, C.Ss.R.

EDITORA
SANTUÁRIO

Para um grande pecador há um grande salvador, Jesus Cristo

Agradecimentos:

Província Redentorista de São Paulo
Paróquia Nossa Senhora da Esperança
Às irmãs do Sinhá
(Terezinha, Lourdinha e Marilda)
À família Sutiro, aos familiares do Pe. Lauro
e a todos os seus amigos.

Direção editorial: Pe. Fábio Evaristo R. Silva, C.Ss.R.
Pe. José Luís Queimado, C.Ss.R.
Coordenação editorial: Ana Lúcia de Castro Leite
Copidesque: Andresa Custódio
Revisão: Sofia Machado
Diagramação e Capa: Mauricio Pereira

Dados Internacionais de Catalogação na Publicação (CIP) de acordo com ISBD

M415f Masserani, Lauro

A fé / Lauro Masserani. - Aparecida : Editora Santuário, 2022.
80 p. : il. ; 14cm x 21cm.

ISBN: 978-65-5527-223-9

1. Religião. 2. Cristianismo. I. Título.

CDD 240
2022-2383 CDU 24

Elaborado por Vagner Rodolfo da Silva - CRB-8/9410

Índice para catálogo sistemático:
1. Religião : Cristianismo 240
2. Religião : Cristianismo 24

1ª impressão

Rua Pe. Claro Monteiro, 342 – 12570-000 – Aparecida-SP
Tel.: 12 3104-2000 – Televendas: 0800 - 0 16 00 04
www.editorasantuario.com.br
vendas@editorasantuario.com.br

A Fé

"Porque o Reino dos Céus é semelhante a um fazendeiro que, logo de manhã, saiu para contratar trabalhadores para sua vinha. Combinou com eles que pagaria um denário por dia e mandou-os para sua vinha. Pelas nove horas saiu e viu mais alguns na praça sem fazer nada e disse-lhes: 'Ide vós também para minha vinha e vos darei o que for justo'. Eles foram. Lá pelo meio-dia, como também pelas três da tarde, o fazendeiro saiu de novo e fez o mesmo. Pelas cinco da tarde saiu ainda e encontrando outros que lá estavam, disse-lhes: 'Por que estais aqui o dia todo sem trabalhar?' Eles responderam: 'Porque ninguém nos contratou'. Disse-lhes ele: 'Ide também vós trabalhar em minha vinha'.

Ao cair da tarde, o dono da vinha falou a seu administrador: 'Chama os trabalhadores e paga-lhes o salário, começando dos últimos até os primeiros'. Chegaram os das cinco horas da tarde e cada um recebeu um denário. Chegada a vez dos primeiros, eles pensaram que iriam receber mais. Mas receberam também um denário. Ao recebê-lo, reclamavam contra o fazendeiro, dizendo: 'Esses últimos trabalharam apenas uma hora, e dás a eles a mesma quantia que a nós que carregamos o peso do dia e do calor'. Respondeu o fazendeiro a um deles: 'Meu amigo, eu não estou sendo injusto contigo. Não combinaste comigo um denário? Toma o que é teu e vai. A esse último quero dar o mesmo que a ti. Não tenho o direito de fazer com meu dinheiro o que eu quiser? Ou tens inveja porque eu sou bom?' Assim, os últimos serão os primeiros e os primeiros serão os últimos" (Mt 20,1-16).

A Fé

"O tempo de Deus não é igual ao nosso tempo. Há muita gente sentada à beira do caminho. É preciso se levantar e vir para o meio para brindar a vida... e, alegremente, ao correr do tempo contar a idade pelos feitos, não pelos anos."

"E, assim, celebrar a vida não pelos anos que passaram, mas o que fizestes com eles; não pelos frutos que colhestes, mas pelo terreno que preparastes e as sementes que lançastes."

Uma homenagem da Congregação do Santíssimo Redentor, família Sutiro, Paróquia Nossa Senhora da Esperança, familiares, parentes e amigos.

Salão Padre Lauro
15.08.2008

Pe. Lauro José Masserani, CSsR
Missionário Redentorista

Pároco de Nossa Senhora da Esperança
Região Episcopal Belém – Arquidiocese de São Paulo

★ 11/04/1940
† 20/04/2008

SUMÁRIO

PREFÁCIO

"Deus não é perdedor" é o ato de fé que expressava todo o ardor missionário do padre Lauro. Ele olhava a imensidão da periferia de São Paulo, a partir do Jardim Sinhá, no bairro de Sapopemba, sentia a limitação da nossa pastoral, tanto na capacidade de agir como na participação numérica do povo, e repetia otimista o seu ato de confiança em Deus, cujo amor encontra milhões de atalhos para chegar ao coração das pessoas.

Padre Lauro viveu com gosto o ser Missionário Redentorista. Era um herdeiro direto do otimismo salvífico de Santo Afonso de Ligório, que, em seu tempo, soube contradizer o elitismo jansenista. Para ele, a humanidade não é uma massa de condenados, mas todos já foram redimidos, gratuitamente, pelo amor redentor de Jesus. A missão do Missionário Redentorista, como foi a do padre Lauro, é a de despertar cada pessoa para acolher na fé essa abundante Redenção e dar graças ao Pai por meio de seu Filho, na unidade do Espírito Santo.

Padre Lauro testemunhava sua fé através da sua esperança e da sua alegria de ser Missionário. À semelhança de Deus, sempre conseguia encontrar uma porta ou uma janela aberta para seguir em frente com suas iniciativas pastorais. Do ponto de vista espiritual, não havia dias cinzentos para ele. Sempre descobria uma fresta de céu azul por onde passava a luz do sol.

Por detrás de uma personalidade extrovertida, havia um homem de reflexão, que amadurecia sua fé por meio da pesquisa, da oração e dos desafios da vida do povo simples, que encontrou nas Missões Populares e na periferia de São Paulo.

Pe. José Ulysses da Silva, C.Ss.R.

INTRODUÇÃO

É pela fé que se inaugura no homem a existência cristã, a união e comunicação com o Deus Vivo. É a fé ainda, que unida à caridade fraterna, marca a realidade da nossa existência cristã: vida eterna antecipada no tempo. A fé é para nós um começo e um acabamento, um ato inaugural e um estado de vida. Um convertido não fala como um cristão amadurecido na fé, mas nem por isso os dois estados deixam de ser uma realidade única de fé. A fé existe, antes de mais nada, como uma relação pessoal com o Deus Vivo.

Capítulo I

O que é a fé

1.1 A conversão ou o momento psicológico da fé

O que se passa com um homem quando acredita? Em linhas gerais, pode-se dizer: esse homem tinha sua vida como uma criação a se realizar e cujo artista era exclusivamente ele. O mundo representava para ele o tubo de ensaio onde buscava uma solução. Os problemas se apresentavam diante dele e dava-se a busca por solução, segundo o universo humano, conforme as possibilidades de um homem modesto comum.

Um dia, porém, tudo mudou na vida desse homem. Deus interveio: "Trata-se de tua vida, isso que chamas tua vida: tua alegria, tua pena, teus amores e tuas relações humanas, teu esforço e tuas criações, teu corpo como teu espírito, tua morte e tudo o que de trágico antecipa. Eu, o Deus Vivo e o amigo dos homens, te darei uma vida que enfeixará e superará infinitamente a tua, uma vida que superará os limites de tua condição humana e carnal. Mas agora, eu serei o mestre e o chefe de teu destino. Tornar-te-

-ás meu colaborador obediente e fiel na obra de tua vida". E o homem disse "sim", não por fraqueza ou por medo, mas porque Deus era mais Forte e mais Vivo.

"Vida de Fé é vida de Deus dentro da nossa."

1.2 A fé é um compromisso pessoal

A fé é um risco. Ter fé é lançar toda a sua confiança em uma promessa de vida que depende totalmente de Deus. O homem abdica-se de sua autossuficiência. Ele declara insuficiente sua capacidade de vida imediata, seu poder próprio, sua avareza e seu egoísmo. Tal atitude de desenraizamento é para o homem carnal um risco. "Quem deseja salvar a sua vida, perdê-la-á; e quem a perder por minha causa, salvá-la-á." (Mt 16,25).

A fé compromete o homem e toda a sua liberdade. Crer com o coração, no sentido bíblico, é engajar-se, comprometer-se com tudo o que se é, corpo, alma, faculdades, responsabilidades, destino. "Tu me tomaste pela mão direita" (Sl 72,23). "As sementes que caíram na boa terra são os de coração reto e bom, que havendo escutado as palavras de Deus, guardam-na e produzem frutos pela fidelidade" (Lc 8,15).

A fé sendo compromisso pessoal nos força a sermos lógicos, isto é, a seguir a fé aceitando a Deus e seu modo de ver as coisas, seu modo de governar os homens, vendo em tudo o amor que procura a felicidade do homem. Essa fé nos exige muito, pois queremos ser sempre iguais a Deus.

1.3 Lição do proceder de Deus mesmo

Converter-se é querer o que Deus está querendo. Fazer o que Ele está fazendo e agir do modo como Ele está agindo.

Em primeiro lugar, faz-se mister querer o que Deus está querendo. Entre duas situações, o motivo próprio e específico da escolha deve ser aquela razão que for diversa das duas situações, e não as que são comuns a ambas.

Suposto o pecado original, Deus poderia escolher: deixar o homem na sua desgraça ou salvá-lo. Não podia, porém, escolher entre glorificar-se e não se glorificar, isto é, em ambas as situações é comum Deus procurar a sua própria, por inevitável necessidade. Logo, escolheu a atual ordem da Providência, não porque quisesse nela, especificamente, a sua glória; querer comum a hipóteses diferentes. Mas por querer, especificamente, nossa salvação. Aliás, isso é também o que se destaca em primeiro plano na Escritura.

Devemos fazer o que Deus está fazendo

Deus está realizando no tempo o mistério da predestinação eterna. Externamente, seria um absurdo conceber Deus procurando o seu próprio bem, por ser Ele, em si mesmo, a plenitude de todo bem. Externamente, o objeto da ação divina é a comunicação da bondade (*bonitas ut communicanda*). Em relação própria à criatura racional, a glória externa de Deus é que a bondade divina seja comunicada aos eleitos como felicidade (*gloria externa Dei est quia bonitas divina electiscommunicatur ut Beatitudo*). Logo, toda atividade criada deve ter por motivação buscar a felicidade (*quaererebeatitudinem*): a salvação.

Devemos agir como Deus age

Deus fez da religião de seu Filho uma religião que oferece a felicidade perpétua perfeita, isto é, uma religião em que a motivação psicológica ou o estímulo poderoso é a ânsia pela felicidade possível, mas não certa. Fez uma religião em que as molas psicológicas são a esperança e o temor. Na ordem presente, a fé cristã é a fé em um Deus Salvador. Em Hb 10,38 encontramos: "O meu justo vive da fé; mas, se voltar atrás, não me agradará" (*Iustus autem meus ex fide vivit, quae si subtraxerit se, non placebit animae meae*).

Em seguida, dá a esplêndida definição da fé cristã, raiz interior de que procede toda a religião cristã: "A fé é o fundamento das coisas que se esperam, é a prova do que não se vê" (Hb 11,1; *est autem fides sperandarum substancia rerum, argumentum non apparentium)*. "Vivo na fé do Filho de Deus, que me amou e se entregou a si mesmo por mim." (Gl 2,20; *in fide vivo Filli Dei, qui dilexit me et tradidit semetipsum pro me*).

A fé cristã é uma vida nova, ainda obscura, mas vivificada pela esperança. É um anseio da própria Felicidade (Beatitudo), cuja mola é a disjuntiva psicológica esperança-temor.

1.4 A decisão do homem livre e a graça de Deus

O homem é livre para entregar-se todo a Deus e a Cristo, juntamente com todo o seu destino. Dessa conversão, que tem como ponto de referência a si mesmo e que constitui Deus como eixo verdadeiro da existência, a liberdade não é mais suficiente para dar conta dessas duas realidades.

A liberdade afirmou-se como uma resposta ao plano divino. A fé em Cristo é testemunhada por um apelo interior, sem que, de nenhuma maneira, seja violada a liberdade, de sorte que aquele que a aceita é por graça: “Sem mim, nada podeis fazer” (Jo 15,5; Rm 1,5-6). Deus nos escolheu desde os princípios do mundo para nos salvar pela ação santificante do Espírito Santo e pela fé na verdade (cf. 1Ts 2,13-14).

A fé é uma graça de Deus, que respeita nossa aceitação ou não. E a conversão é obra puramente da graça de Deus.

1.5 Fé e esperança

A resposta do homem à fé, sua entrega, seu engajamento, seu pertencer total a Deus pela fé é o próprio fundamento da esperança, é a confiança absoluta. “É por meio de Cristo que vós tendes a fé em Deus, que o ressuscitou dos mortos, e o glorificou; de sorte que nossa fé é ao mesmo tempo nossa esperança em Deus.” (1Pd 1,21).

1.6 A fé que justifica

Nós nos demoramos descrevendo o ato de fé como conversão, pois é realmente isso para o homem, tal como ensina o Concílio de Trento: “Fundamento e raiz de toda justificação” (*fundamentum et radix omnis iustificationis*). ‘Toda justificação’, sinal que não indica apenas o começo, mas também o seu desenvolvimento. O ato de conversão pelo qual o homem se entrega ao Deus vivo, na pessoa de Cristo, coincide com o ato da graça pelo qual Deus começa a realizar sua promessa no crente. Ele o torna justo, purifica-o e lhe dá vida nova, estado de amizade com Deus, dom estável do Espírito Santo.

É isso o que ensina São Paulo: “Justificados pela fé, estamos em paz com Deus, por intermédio de Nosso Senhor Jesus Cristo, a quem devemos nosso acesso a esta graça, na qual fomos estabelecidos, e podemos nos glorificar na esperança da glória divina" (Rm 5,1-2). Pela mesma força, que encheu a vida de Jesus Cristo do Espírito de Deus e que o ressuscitou, o homem que tem fé se tornou parte integrante do Mistério de Cristo, em uma existência nova e em um mundo novo.

1.7. Fé e batismo

O que acrescenta o batismo à fé, se a fé basta para a justificação? Ele completa e desdobra a obra da justificação. Batismo e fé são dois tempos da única incorporação a Cristo, intimamente ligados um ao outro.

O ato de conversão se expandirá na confissão de fé batismal e a justificação encontrará seu acabamento pela entrada na Igreja, realizada pelo rito batismal. Ao ato primeiro da fé intervém o batismo, testemunha externa, dando-lhe a sua dimensão comunitária. Agora, a fé será vivida na unidade do povo de Deus.

São Paulo frisa bem a complementaridade da fé e do batismo: "Vós sois todos filhos de Deus pela fé em Jesus Cristo: vós todos fostes batizados em Cristo, fostes revestidos de Cristo" (Gl 3,26-27; Ef 1,13-14; Cl 2,12).

Nós consideramos o batismo como o sacramento da fé, no caso dos adultos batizados depois da sua conversão. Mas o que se passa no caso dos batizados antes da conversão? O laço permanece firme entre fé e batismo. De uma parte, porque o batismo de criança supõe uma comunidade de convertidos, por cuja mediação se estabelece uma união orgânica entre o batismo e a fé da Igreja. De outra parte, graças a essa comunidade, a criança terá de ratificar seu batismo por um ato de conversão tão pessoal quanto aquele do adulto.

Capítulo II

Os antecedentes da fé

A fé é um começo absoluto na vida do homem porque se trata antes que, de um ato do homem, de um ato de Deus. Todavia o homem pode dispor-se para a fé. Vamos procurar esclarecer como se prepara para a conversão. Duas séries de fatores encaminham o homem para a conversão:

a) Fatores subjetivos, que trabalham seu ser moral e que permitirão a seu tempo a ruptura para a fé.

b) Fatores objetivos, segundo os quais se poderá verificar verdadeiramente a origem divina da palavra de Deus.

Na realidade, fatores objetivos e subjetivos se entrelaçam no caminho da fé. Aqui está todo o papel da apologética cristã.

2.1 A afirmação do Magistério: racionalidade da fé

A palavra de Deus e a graça são realidades transcendentes, mas são recebidas no mais íntimo do homem, em sua razão e em seu amor. Disso concluímos que a fé deve ser aceita com raízes e garantias humanas. Deus pede que recebamos a sua palavra, mas deixou-nos meios de constatarmos, objetivamente, que Ele falou aos homens por meio de Cristo.

Todavia, para que nossa fé fosse uma homenagem, segundo nossa natureza racional, Deus quis ajuntar aos impulsos internos do Espírito Santo, provas externas da sua revelação; entre os diversos fatos ocupam o primeiro lugar os milagres e as profecias, que manifestam de modo excelente o poder e a infinita sabedoria de Deus. Constituem sinais certíssimos da revelação divina, adaptados à inteligência de todos (cf. Vat. ID. 17900).

A substância da fé é um diálogo direto do crente com Deus Vivo, mas não sem referência ao acontecimento histórico da Revelação. Como atribuir uma significação transcendente ao acontecimento de Jesus Cristo, se não sei, de antemão, com certeza o fato histórico? Essa realidade histórica, contudo, não constitui o objeto nem o motivo essencial do meu ato de fé. É só condição. É anátema quem sustentar que o ato de fé é fruto exclusivamente da razão humana (Vat. ID. 1814). "Ninguém vem a mim se meu Pai não o trouxer." (Jo 6,44).

2.2 Os sinais na Revelação: intencionalidade dos milagres

"Jesus realizou na presença de seus discípulos ainda outros muitos milagres que não estão escritos neste livro. Estes estão escritos para que acrediteis que Jesus Cristo é o Filho de Deus, e acreditando tenhais a vida em seu nome." Assim termina o Evangelho de São João, capítulo 20, versículos de 30 a 31.

Efetivamente, esse Evangelho se preocupa em mostrar como Jesus sempre fazia acompanhar sua doutrina pela prova do sinal (cf. Jo 10,37; At 2,22). Na ocasião de seus sinais é que se operam as conversões. Já no Antigo Testamento, Deus ajuntou sinais à sua palavra profética, como testemunho externo da palavra (cf. Hb 2,4).

O que é um sinal e por que esse laço entre o sinal e a palavra de Deus? Por um sinal designa-se uma realidade, ou um gesto ou um acontecimento que se deu em uma experiência sensível, mas carregada de intenção. Possui, além da realidade constatável empiricamente e em união com ela, um segundo ponto de intangibilidade, pelo qual o sinal testemunha uma outra realidade de ordem espiritual, ou, pelo menos, imediatamente invisível. Tais fatos estão carregados de significações para quem os sabe decifrar em profundidade.

Em todos os domínios da expressão humana existem sinais, filosofia, linguagem. Nada, pois, impediu que Deus também usasse sinais para se comunicar com os homens, como acompanhantes da sua doutrina. A finalidade dos sinais na Revelação é mostrar que é Deus quem fala (Jo 3,2), e que, consequentemente, aqueles que os percebem podem e devem aceitar a verdade que os acompanha. Sinais de transcendência, sinais de credibilidade (*sacramentum et mysterii símile signum*).

2.3 O milagre, fato divino e sinal

A intencionalidade do sinal se encontra ligada à sua realidade empírica. À intencionalidade religiosa deverá, pois, corresponder um fato que decida (tranche, corte), pela sua natureza insólita, sobre a ordem comum da experiência, em benefício da mensagem. Eis porque o milagre constitui o sinal por excelência da revelação divina. Não se deve jamais separar do milagre e da sua realidade extraordinária e preternatural a intenção religiosa.

Todos os milagres são sinais da intervenção divina, mesmo que todos os sinais não sejam milagres, apenas fantasia dos videntes, quando a ação de Deus pelos milagres visa sempre o mundo moral. A essência do milagre está justamente no testemunho em favor da Palavra revelada. Partindo, portanto, do sinal religioso é que podemos dar uma definição teológica do milagre: o milagre é um sinal divino que acompanha visivelmente o acontecimento da Palavra revelada na história, cuja natureza insólita está sobre a ordem comum da experiência.

2.4 O homem diante do milagre

O Concílio Vaticano I condena a afirmação da impossibilidade de se conhecer o milagre e, consequentemente, sua força de mensagem revelada que o acompanha. Tal afirmação demonstra que o milagre é válido para os que estão aquém da fé e é um auxílio dado por Deus para chegar ao ato interior da aceitação da revelação. Quem, pois, antes de crer, aceitará o milagre? O sábio, o filósofo ou algum novo moralista.

1. O sábio, que faz sua ciência consistir na repetição dos fatos e, na constatação da sua repetição, uma lei científica, deverá suspender, automaticamente, seu juízo, pois o milagre escapa à sua constatação científica. Nada tem de ímpio o sábio que, agindo segundo sua mente cientista, apela para forças naturais, ainda desconhecidas, como causa do milagre. O milagre vem dizer que as forças conhecidas e as leis da natureza foram suspensas no caso desse sinal milagroso.

2. O filósofo, que busca sempre a causa das coisas, baseando-se como cientista, na suspensão das leis conhecidas da ciência e vendo que essas não dão uma explicação suficiente, poderá atribuir como causa uma intervenção superior, Deus. Mesmo assim, o filósofo ficará em uma incerteza da relação entre o milagre e a mensagem revelada. Sua conclusão será: Deus é livre e todo-poderoso, verdadeiro, mas eu não vejo porque sua sabedoria o faz agir assim, sem finalidade.

3. Quem finalmente poderá aceitar o milagre como um sinal divino da sua palavra é o homem "religioso", aquele que está disposto a ver o nexo entre o milagre e a verdade atestada. Assim, compreendemos porque os judeus não aceitaram Cristo e atribuíram sua força a um ser superior ou a negaram abertamente: "Está possesso do demônio e é por força de Belzebu que expulsa os demônios" (Mc 3, 22). "Nós sabemos que Deus falou a Moisés, mas este nós não sabemos de onde vem." (Jo 9,29).

Isso tudo não vem provar que o valor do milagre esteja só na aceitação subjetiva e que, apesar de toda a força do milagre estar na intencionalidade religiosa com que é feito, nada impede que tenhamos o máximo de certeza humana e científica. Aqui entramos no problema de especificar o conhecimento religioso e sua objetividade em favor do qual foi feito o milagre. Entramos na veracidade, sinceridade e probidade do testemunho do milagre e em favor de que doutrina se atesta o milagre.

2.5 Devemos crer no milagre? Quem tem condições de acreditar?

Aqui tratamos do milagre como condição da fé. O milagre por si não dá fé; muitos presenciaram os milagres de Cristo e não creram. Bastará, portanto, para crer no milagre, ter certos antecedentes de ordem puramente racional, convicção sobre a existência de um ser supremo e sobre a imortalidade da alma humana?

Vê-se claramente que esses antecedentes não bastam para dar fé. A história mostra muitos casos de filósofos racionalistas, espiritualizados, fechados a toda Revelação e que têm apenas convicções puramente racionais.

A Fé

"Aos que desejam que empregue argumentos puramente racionais para a conversão do próximo, declaro, categoricamente, que não me preocupo em vencer sua inteligência, mas seu coração. Eu me preocupo não com racionalistas, mas com os que procuram. Para que servirá o cristianismo à pessoa que nunca sentiu nem tem necessidade? Estamos muito inclinados a permanecer tranquilos em nossa lareira e não nos atormentar em saber se, por acaso, uma revelação não teria sido dada ao mundo. Espera-se pacificamente que as provas venham, recebemo-las não como quem pede, mas como juízes." (Newman 1947, p. 323-324).

O sinal religioso, de fato, engaja o homem, como engajará mais tarde a fé em Cristo. Seus antecedentes devem ser em ordem ao comportamento humano. Certamente implicam certos precedentes objetivos: como admitir o milagre se se nega a existência e onipotência de Deus? Tais afirmações devem estar inclusas na própria afirmação pessoal e na sua abertura para toda intervenção de Deus, sem mesmo que essa pessoa chegue a ter consciência do seu estado interior. É no coração do homem religioso que a palavra de Deus fará nascer a fé. É nesse "antecedente" do coração do homem que deve surgir a fé, ao mesmo tempo transcendente e imanente, que se prepara a escutar.

O homem religioso é aquele que manifesta que sua ação e sua vida estão no plano da aspiração moral, a qual lhe dita uma submissão efetiva ao sagrado, em que o outro terá a iniciativa de começar o diálogo. Assim, é pelo aprofundamento na sua existência moral que o homem se prepara para a hipótese de uma intervenção pessoal de Deus no destino da humanidade em vista à salvação, e que ele se dispõe a reconhecer os sinais do acontecimento desejado.

Valor e ruptura; liberdade personalizante e consciência má. Afirmação do sagrado e descontinuidade do ser; é neste comportamento entre o bem e o mal, simultaneamente sentidos em nós, que surge o apelo à solução da fé. Acontece, então, justamente o milagre naquilo que tem de insólito: faz surgir a fé e a aceitação do novo modo de viver.

2.6 Milagre físico e milagre moral

Por milagre, entendemos, espontaneamente, o milagre no mundo físico. Contudo, não se deve limitar só ao físico, nem ao psíquico, a manifestação dos sinais divinos, e como antecedente da fé o milagre "moral" é de uma força capital. Em que consiste o fato divino implicado no milagre moral? O milagre moral é imediato e intrinsicamente dirigido à palavra de Deus. Ele constitui sua fecundidade visível. Deus promete o Reino e a santidade: o sinal manifesta pelos seus efeitos visíveis que o poder divino já realiza sua promessa; o sinal é homogêneo ao significado. O Deus vivo faz sinal ao homem religioso, espera-o no íntimo da sua liberdade e do seu destino pela Palavra, unida ao sinal.

Capítulo III

A importância do testemunho cristão para a conversão moral

Eis porque os múltiplos sinais de credibilidade que encaminham a conversão se enraízam e estão ligados à santidade de um cristão ou de uma comunidade cristã, à qual se manifesta no seu meio por caridade verdadeira. Em outros casos, com a extraordinária personalidade de Jesus que os evangelhos permitem reconstituir: "O Senhor disse: 'É por esse sinal que reconhecerão todos que sois meus discípulos, se vos amardes uns aos outros'" (Jo 13,34-35; Jo 17,21).

Uma evangelização e uma chegada coletiva à fé cristã não se realizam jamais sem que a comunidade eclesial constitua um sinal público e sem equívoco da origem divina da Palavra, que ela testemunha. É ainda o Concílio Vaticano I que vê no milagre da Igreja o sinal recapitulativo e perpétuo da revelação (D. 1749).

A Igreja tira da sua fé atual a mensagem de salvação e é da mesma fé que emanamos sinais que acompanham necessariamente a pregação.

3.1 Discernimento entre sinais e graça

As disposições que fazem o homem religioso e que vimos necessárias para a leitura dos sinais são frutos de um comportamento puramente natural ou já revelam a ação pessoal de Deus, da palavra, preparando o homem para a fé? A Igreja, precisando das afirmações das Escrituras sobre a gratuidade da fé, ensina-nos que a graça de Deus é a primeira no chamamento e na preparação à fé. A liberdade do homem coopera (D. 813).

Nós acentuamos que os antecedentes subjetivos da fé e os da constatação dos sinais são os mesmos. Sem dúvida, o filósofo seria tentado a ver nesta atitude do homem religioso só o termo vencido de uma reflexão moral, pela qual em virtude da sua natureza espiritual, o homem situa seu destino total em um "além" de toda a comunicação criada, em um sobrenatural, em sentido largo e negativo da palavra.

Mas o teólogo responderá que para ser "definitivamente vencido", esse termo requer do candidato à fé a ajuda do Espírito Santo, retificando já em vista da salvação que será recebida na fé do Evangelho. De tal sorte que a atitude religiosa será verdadeiramente o fruto de todo o dinamismo moral do homem em busca do seu verdadeiro destino e já animado pela presença divina não percebida.

A recusa dessa graça de chamamento à fé incluirá a recusa dos sinais e, consequentemente, da fé. Vejamos no Evangelho aqueles que não têm coração puro ou que não têm boa vontade; que são os malignos, que chocam contra os milagres de Cristo, como também contrariam suas palavras: Mt 13,13; Jo 5,44; Jo 8, 43-47; Jo 12,37. O sinal põe à prova as disposições subjetivas e obriga o homem a se manifestar de que espírito ele é.

3.2 Antecedentes e condições da fé

O aprofundamento na existência pessoal quando nós reconhecemos o antecedente longínquo subjetivo da fé está ao alcance de todo homem? É evidente que muitos condicionamentos pessoais, econômicos e culturais favorecem ou impedem esse aprofundamento.

Parece que muitos homens de boa fé não chegam nunca à fé cristã por causa de certas condições inumanas da vida. E em nossos tempos de evolução técnica existe uma vastidão dessas condições.

Uma ampla marca se impõe conjuntamente àquela da evangelização: suscitar um clima de verdade humana na qual os homens estejam atentos àquilo que pode e deve ser sagrado na sua existência. Por isso é preciso trabalhar para o melhoramento das condições materiais da vida. Essa dupla marca de pré-evangelização cabe primeiramente aos leigos.

Cuidar-se-á, todavia, de colocar no mesmo plano os antecedentes e os acondicionamentos da fé. Pode acontecer que os homens encontrem o caminho da fé apesar da sua condição humana miserável.

Ao contrário, só a transformação dessas condições de vida não bastará jamais para abrir o homem ao mundo da espera de Deus. A abundância de riquezas pode se tornar ídolos que afastam radicalmente da fé mais do que a miséria. Depois do que falamos sobre os antecedentes subjetivos necessários ao reconhecimento concreto dos sinais da fé, não se deve identificar pura e simplesmente o clima de verdade humana, como uma questão de uma ação institucional cristã, nem com um catálogo de moralidade cristã.

Sanear moralmente o meio humano não é impor-lhe um conjunto de obrigações, que não se justificam a não ser pela fé, mas em fazer "nascer aí uma aspiração moral", a qual é compatível com os costumes ainda muito afastados dos costumes do homem cristão. Essa aspiração moral não pode, pelo contrário, separar-se da prática nascente de um autêntico amor fraterno: ela é criadora de comunidades humanas verdadeiras em que Deus poderá se revelar porque o amor as precedeu. "Aquele que pratica a verdade tem luz" (Jo 3,21).

3.3 Teologia da fé e psicologia da conversão

(cf. P. Leone Ceva, Conferência aos missionários)

Para um batizado vale a mesma lei da fé. Os dois devem enraizar sua fé. O batizado o faz em um mundo de graça e mais simples. Isso não prejudica em nada a liberdade e o crescimento humano da pessoa.

Capítulo IV

A fé de contemplação

4.1 Da fé de conversão à virtude da fé

"Iluminai, Senhor, vosso povo e abrasai seu coração com o esplendor da vossa graça, a fim de que, sem cessar, ele reconheça seu Salvador (fé de conversão) e que o aceite em verdade" (fé de contemplação). (Pós-comunhão, Vigília da Epifania).

a) Promessa e graça

Abraão é o pai dos crentes no dizer de São Paulo. O que significa: pai daqueles que se convertem. Mas a fé, que é dom do Espírito Santo, da definitiva aliança, ultrapassa o estado de conversão. O cristão é justificado na ressurreição de Jesus Cristo (Rm 4,25) e, desde então, é introduzido no mistério de Cristo.

No ato de conversão, esse mistério permanecia exterior; agora ele se realiza nele em parte, pois, pela fé, Cristo mora nele (Ef 3,16-17). E o Espírito foi lhe dado interiormente (Ef 1,13; Gl 3,14) fazendo-o entrar desde agora, embora parcialmente, em posse da herança prometida outrora e maravilhosamente realizada em Jesus Cristo, o Amém de Deus.

b) Fé, Esperança, Caridade

Na conversão, o crente se une à palavra de Deus por seu ser; todas as suas faculdades se lançam conjuntamente sob o impulso do Espírito para se entregar ao Evangelho. Acontecerá o mesmo nesta etapa nova da fé? A resposta parece simples a quem abriu o seu catecismo e se familiarizou com a divisão tripartida, bem satisfeita, das virtudes fundamentais do agir cristão. Ninguém ignora que essa divisão vem do próprio São Paulo.

Mesmo depois de ter visto isso, necessário se faz constatar que não é exato o sentido atribuído a São Paulo, conforme a tradição teológica supõe. A caridade, quando é mencionada juntamente com a fé, designa ordinariamente a caridade com os irmãos, o poder de amar os irmãos à semelhança de Cristo (imitação), obra por excelência de uma fé que é, ao mesmo tempo, amor de Cristo Deus. Quanto à esperança, ela designa a tensão de uma fé impaciente de ver o corpo inteiro de Cristo associado ao Reino do ressuscitado, após a última manifestação do Senhor.

Uma fé que espera aquilo que não se tem ainda, mas, que desde agora, encontra seu acabamento definitivo na prática atual do amor cristão aos irmãos. Tal parece ser o pensamento paulino concorde com o pensamento de São João (Jo 2,9-12; 4,7-14).

São Paulo emprega rarissimamente a palavra amor para indicar nossa relação com Deus (Rm 8,28; 1Cor 2,9;16,22; Ef 6,24), ao passo que a emprega sem cessar para designar o amor de Deus para conosco. A esse amor de Deus responde a fé do cristão; uma fé que age por amor fraterno.

Os numerosos textos da epístola que unem o pensamento da caridade e da esperança são claros nesse ponto. Por exemplo: Cl

1, 3-5: "Nós não deixaremos de rezar por vós depois que soubemos de vossa fé em Cristo, da caridade que tendes em relação a todos os santos em razão da esperança que vos está reservada nos céus". (Conferir também: Rm 5,1-2; 1Cor 13,2-13; Gl 5,5-6; Ef 1,15; Ef 6,23; 1Ts 3,6; Tt 1,1-2; Tt 2,2).

É a fé que espera, é a fé que pratica a caridade fraterna. Esse modo de ver a união íntima entre as virtudes teologais marca ainda mais como a fé une todo homem a Deus e como ela não pode ter outro objeto senão uma realidade pessoal. Não existe comunicação total do homem com Cristo. O amor fraterno não lhe está tão intimamente ligado a não ser sendo o que ele é: intrinsecamente teologal e cristão; através de nós e dos nossos irmãos supõe-se que é o mesmo Cristo que aí tenha colocado todo o seu coração e que se tenha ultrapassado o estado de salvação puramente individualista e egoísta.

c) A fé intelectual

São João já podia dizer: "Se o ensinamento recebido desde o começo permanecer em vós, assim vós permanecereis no Filho e no Pai" (1Jo 2,24).

Foi com esse cuidado que o Concílio Vaticano I formulou a definição bem conhecida de fé: "Virtude sobrenatural, graças à qual, Deus inspirando e com a ajuda da sua graça, nós acreditamos como verdadeiro o que Deus revelou, não em virtude duma verdade intrínseca, conhecida pela luz da razão natural, mas por causa de autoridade do Deus que revela, o qual não pode enganar nem ser enganado" (D.1789). Será nesse sentido que falaremos adiante da fé: não esqueceremos, todavia, que essa perfeição da fé não é possível a não ser sobre o fundamento sempre presente da conversão. A atualidade da conversão cessa, a fé de inteligência torna-se abstrata e corre o risco de vir a ser uma ortodoxia puramente formal.

4.2 O mundo da fé: o mundo de Jesus Cristo e o Mistério de Cristo

O mundo da fé: agrupa-se sob esse título tudo aquilo que se relaciona ao objeto da fé (objeto material dir-se-ia na Escolástica). Tal objeto tem um conteúdo; esse conteúdo se apresenta sob diversas formas e formulações, que implicam modos de apresentação. Iremos estudar tudo isso.

a) Jesus Cristo, plenitude da palavra de Deus

A fé de conversão implicava um aspecto de adesão intelectual, e a fé de contemplação não fazia senão desenvolver o contexto religioso e vital da primeira adesão, mas que permanece ao mesmo nível do conhecimento da fé interior. Não se trata de duas fés, mas de duas etapas da nossa fé.

Ora, o objeto da fé de conversão era Jesus Cristo, englobando na sua Páscoa a vida dos homens. Um objeto recebido em uma afirmação global que não era mais necessário desenvolver, mas cujo progresso da fé subjetiva vai, pouco a pouco, interiorizar todas as consequências do mistério de Cristo, e o crente idoso pode dizer do mesmo modo que o catecúmeno, resumindo toda a fé: creio em Jesus Cristo. O mistério de Jesus Cristo constitui, com efeito, a plenitude da palavra de Deus por três motivos:

1. A Ressurreição de Cristo, na qual consiste toda a finalidade divina da gloriosa vitalidade para os homens, anunciada pelos profetas e realizada por Cristo; e nenhuma ação de Deus na história humana pode ser mais decisiva.

2. A realização do Mistério de Cristo, na qual o Deus vivo nos deixou entrever ao máximo o que nós podemos presentemente receber das profundezas da sua divindade.

3. O mistério de Cristo pessoal, que continua no Cristo Místico e engloba a presente Salvação. Mas o mistério da Santíssima Trindade objetará alguém? Não é mais central na Revelação do que o Mistério de Cristo?

Certamente em Deus, mas não na Revelação pela qual Ele fez misericórdia para conosco. É por Cristo e em Cristo que nós somos conduzidos até o seio do Mistério Trinitário, pela manifestação sucessiva das Pessoas Divinas na obra da Salvação. Na eternidade é possível que nos seja permitida uma síntese trinitária do universo glorioso; no tempo presente, a nossa síntese de fé não poderia ser senão cristocêntrica. Os escritos do Novo Testamento, assim como a vida da Igreja, nos dão garantia contra todas as afirmações verbais e as construções idealistas.

É, pois, em Jesus Cristo que se recapitula todo o mundo da fé; afirmar um aspecto da fé será sempre afirmar Jesus Cristo. O mistério da nossa fé não é feito de afirmações sucessivas que se ajuntaram umas às outras como malhas numa rede. Ele é melhor comparável ao cair de uma floração, a partir de um botão, explodindo em cores pela decomposição da luz.

Há, finalmente, um só mistério, mistério orgânico que ajunta em si toda a palavra de Deus na unidade duma lógica viva, profundamente percebida pelo crente, com todos os aspectos do mundo da fé e que estão em referência ao mistério central de Jesus Cristo, que estabelecera a sua hierarquia. Em Jesus Cristo, é a História inteira que entra como componente do mundo da fé.

O crente vê, julga todas as coisas e todos os acontecimentos pessoais e coletivos do ponto de vista do Mistério de Cristo (Ef 1,9-13; Cl 1, 20). Como um homem que visse sucessivamente a mesma paisagem sob um céu coberto e sob o sol, assim o homem que se tornou crente; ele vê o mesmo mundo e a vida do homem, mas não Deus eternamente em si.

b) Querigma e catequese

Isso o que dissemos sobre a unidade orgânica do Mistério Cristão tem uma importante consequência do ponto de vista da transmissão. A Igreja dos primeiros séculos parece, em sua ação evangelizadora, ter claramente distinguido o primeiro anúncio de Jesus Cristo, o querigma, do ensinamento religioso ulterior, as catequeses, que apresentavam as conclusões doutrinais e morais que decorriam do primeiro anúncio.

O convertido recente poderia ignorar certos pontos da fé e da Igreja que não deveriam ser negligenciados. Na realidade, porém, ele já os confessava globalmente reconhecendo a Cristo. Não existe aqui nenhuma minimização doutrinal. São Paulo não agiu de outra maneira na sua primeira evangelização da Boa-Nova. Procurava suscitar comunidades de convertidos mandando, mais tarde, catequeses detalhadas, cujos modelos são as suas grandes epístolas.

Encontra-se também na epístola aos Hebreus a distinção entre um ensinamento elementar sobre Cristo e um ensinamento perfeito (Hb 6,1-2). É na mesma linha que a História de Eusébio nos relata a evangelização no decorrer dos primeiros séculos. Falando aos evangelizadores, ele escreve: "Aqueles que não haviam entendido nada da palavra de Deus, iam pregar e transmitir o livro dos divinos ensinamentos do Evangelho. Eles se sustentavam de lançar o fundamento da Fé entre os povos estrangeiros e estabeleciam pastores que tomavam cuidado daqueles que vinham sendo convertidos" (Eusébio, Hist. Ecl. 3, 37). Do ponto de vista da missão profética na Igreja, cabia ao sacerdócio transmitir a catequese aos convertidos, porque os leigos tinham as suas funções próprias, embora não exclusivas no querigma. A História da Evangelização mostra qual o lugar que eles tiveram nos primeiros séculos.

c) A regra da fé e a Igreja

Insistir, como fizemos, sobre a unidade de objetos da fé em Jesus Cristo, não implica, de modo algum, minimizar o detalhe do credo católico. Desde as origens, a Igreja estava convencida de que uma das suas finalidades principais era manter íntegra, objetivamente, a doutrina contida na palavra de Deus; guardá-la e propô-la com maior precisão possível; e ao Espírito Santo, a de interiorizá-la na alma do crente.

"Mesmo que um anjo do céu vos anunciasse um Evangelho diferente daquele que nós vos temos anunciado, que ele seja anátema", dizia São Paulo (Gl 1,8). E essa intransigência fez eco àquela que o Apocalipse atribui a Jesus mesmo: "Eu juro a quem escuta as palavras proféticas deste livro: se alguém acrescentar qualquer coisa, Deus o fará passar pelas penas descritas neste livro; se alguém retirar alguma palavra deste livro profético, Deus o excluirá da árvore da vida e da cidade santa que está descrita neste livro" (Ap 22,18-19; Cl 2,6; 1Tm 6,3; 2Tm 1,12-14; 2,14-20; 4,1-6).

O cuidado da ortodoxia da Igreja não data de hoje: sem dúvida, a sua função não se abriu a não ser pelo cuidado e pela autenticidade do seu exercício. A Igreja foi levada a formular a sua Fé em dogmas e símbolos para serem ditos comunitariamente o que ela crê, e permite a cada crente confrontar a afirmação interior a sua expressão ortodoxa.

As necessidades da Liturgia, as confissões de fé pública nos tempos de perseguições, as polêmicas, estão nas origens das diversas formas dogmáticas e simbólicas que o próprio Novo Testamento nos guarda como elementos primitivos (Mt 28,19; 1Cor 8,8; Ef 4,4-6; 1Tm 2,5).

Lembremos aqui que a Igreja é a guardiã da Palavra revelada, mestra da sua formulação, mas submissa ao seu conteúdo. A Doutrina de Fé, revelada por Deus, exposta pelo Concílio Vaticano I, está ligada à Esposa de Cristo como um depósito divino a fim de ser fielmente guardada e infalivelmente ensinada. Disso resulta que o sentido, que deve sempre ser mantido pelos dogmas sagrados, é aquele que a nossa Santa Mãe, a Igreja, declarou uma vez por todas (D. 1800).

Por meio da multiplicidade de ensinamentos dos quais o Magistério da Igreja deveu-se libertar para poder afirmar todo o mundo da fé, o crente saberá encontrar a unidade viva e pessoal da afirmação sempre única do mistério: a fé não tem por termo seus atos ou ensinamentos, mas a realidade em Jesus Cristo. É de se temer que as vantagens pedagógicas incontestáveis dos postulados da fé, de tipo simbólico ou catequético, venham, algumas vezes, perder essa unidade viva e pessoal do objeto da fé.

Remediar-se-á por um lado se tomar cuidado em dar Deus ou o Cristo mesmo, como sujeito de todas as preposições analíticas da doutrina. A exemplo do símbolo dos apóstolos, que anuncia as ações de Deus para salvar o mundo e não os conceitos objetivando essas ações. Por exemplo: Jesus Cristo se fez homem e não a encarnação. A fé cristã é, portanto, afirmação de realidade; ela implica um "sim" e um "não" pronunciados na inteligência humana.

Nós vimos e vamos voltar a dizer que essa afirmação é um ato sobrenatural. Ele consiste em atos de afirmação objetiva do espírito humano. Uma concepção do conhecimento que negaria a possibilidade de afirmação real dos objetos distintos do espírito, que os conhece, tal como propuseram certas filosofias, identificando a realidade fora com a subjetividade, ou os diversos sistemas subjetivistas, mesmo que fossem místicos, seriam radicalmente opostos à fé católica.

Eis porque a Igreja se meteu mais de uma vez em questões filosóficas: para reivindicar um poder objetivo e uma aquisição de eternidade ao plano da afirmação humana, condição implícita para manter na consciência humana o conhecimento da eternidade da palavra de Deus. Aqueles que têm exigências intelectuais reflexivas, importa pensar bem para bem acreditar. (Encíclicas *Pascendi* e *Humani Generis,* de Pio XII, 21 de agosto de 1950).

4.3 O conhecimento da fé

Como o mundo da fé do qual estivemos falando se tornará objeto de comunhão inteligível do crente? Conhecer quer dizer para a inteligência fazer habitar em si de qualquer modo a realidade, assimilando o seu conteúdo próprio, donde decorre a certeza. Nós tentaremos dizer agora como essa atividade de conhecimento se verifica no plano da fé.

a) A fé, virtude teologal: o homem vendo e agindo com os olhos de Deus

É de uma grande importância saber o que se designa pelo termo "virtude teologal": não um poder ativo de que é dotado o crente, mas um dom para agir em comunhão com Deus vivo, e para colocar seus atos em Deus. Pela Revelação, Deus se manifesta exteriormente ao mundo utilizando dos meios humanos da palavra.

Mas esse não é senão um aspecto do amor de Deus por nós, que constitui a Revelação. Que importância teria para o homem que Deus se tivesse dado a si mesmo, se ele não pudesse eficazmente reconhecê-lo e entrar em comunicação com Ele? Ora, só Deus pode, do interior, abrir o coração a fim de que ele o reconheça. É no mesmo ato de comunicação que Deus torna externamente a Palavra de Salvação depositada nas mediações históricas e que é acatada interiormente pelo homem a fim de recebê-la.

A isso, São Mateus chama Revelação (cf. 11,25; 16,17). São João, por sua vez, chama em seu Evangelho de atração do Pai (cf.

6,44;65) e de testemunho, em sua primeira carta (cf. 5,10). E São Paulo chama de iluminação do coração (2Cor 4,6; Ef 1,18).

A Revelação é em Deus um ato da pessoa, manifestação de luz e de amor; o poder interior que eleva o crente à comunicação divina, eleva também toda a pessoa, de tal modo que ele não tem senão uma atividade teologal. Do mesmo modo que se pode, legitimamente, distinguir na fé o aspecto do conhecimento, pode-se atribuir a Deus ser a fonte e a energia do ato de fé, pois Ele é o Revelador da verdade. Verdade primeira, dizem os teólogos, e fonte de toda inteligibilidade sobrenatural.

Mais uma vez ainda olhemos aquilo que une as coisas teológicas como aquela que as distingue. Acreditar que Deus revelou será aderir ao mundo da fé, porque Deus põe em mim, atualmente, o princípio de graça, pelo qual eu posso entrar em contato com esse mundo divino (causa eficiente primeira, causa formal do ato de fé). Por esse princípio, que é a luz da fé, a inteligência do crente se encontra em uma certa continuidade com o ato mesmo do Espírito Divino. Isso não se identifica com a manifestação histórica do Deus vivo, que é feliz no ato mesmo da sua comunicação com os homens.

Atribuindo de preferência ao Espírito Santo essa virtude de iluminação, São Paulo escreve: “Ninguém pode dizer: ‘Jesus é o Senhor’, a não ser pela ação do Espírito Santo” (1Cor 12,3; Ef 2,8). É inútil depois disso demonstrar que a fé é uma atividade sobrenatural. Ela o é em seu princípio mesmo, pois é pelos olhos recebidos de Deus que o crente recebe aquilo que manifesta para ele, Deus mesmo. O crente está, então, na sua luz (Jo 12,36; 2Cor 4,6; Ef 5,8; 1Ts 5,4-5).

b) A fé, conhecimento e adesão

O crente na luz de Deus adere ao mundo da fé. O que significa isso? Adesão diz mais que assentimento. Não se trata de um acordo externo dado às afirmações sobre Deus, mas de um julgamento da verdade levado ao interior sobre o mistério em todos os seus aspectos, e que acompanha a convicção do real, em continuidade com o testemunho de Deus. Essa adesão à luz da fé opera na alma do crente e toda a sua pessoa, levando-o ávido a melhor compreender o mistério ao qual se converteu. Pois é sempre pela conversão que se subentende o conhecimento da fé; uma conversão que se aprofunda, passando de um amor ávido de Cristo a um amor mais desinteressado.

A conversão dá à adesão o ser penetrante e gratificante, mesmo com a inevidência do mistério. Onde nós reencontramos essa totalidade de comunicação na qual se encontra inserido o elemento intelectual da fé. A adesão da fé comporta representações inteligíveis múltiplas. Mas essas representações, que têm um senso humano quando se as leva à experiência, encontram-se assumidas no ato de fé no plano de afirmação da verdade, do qual Deus é sempre sujeito.

É daqui que vem a inevidência da fé: as afirmações do crente relacionam-se com o mistério de Cristo, através de meios humanos para tomar a sua realidade e o seu sabor de verdade de Deus mesmo, além de toda experiência sensível. Ter evidência do mundo da fé seria ver Deus mesmo.

O crente não tem por herança, em sua adesão, uma misteriosa afinidade do seu julgamento com a afirmação da palavra de Deus, unida à consciência de inadequação de todo o percurso à experiência racional. "A fé é a convicção daquilo que não se vê" (Hb 11,1).

Que tal adesão comporta uma certeza, aparece imediatamente para quem compreendeu que Deus, Ele mesmo, é a garantia imanente e não a prova de credibilidade assumida pelo ato de fé. É do lado de Deus que, apesar da sua inevidência, a fé, é certa; de uma certeza que não comporta sempre sua consciência psicológica e o apaziguamento daquela que deseja a evidência, mas que apresenta seus títulos à reflexão dos crentes. Os maiores santos experimentaram, em certos momentos, o desaparecimento psicológico da sua certeza sem, todavia, afrouxar a firmeza da sua adesão, como Santa Teresa do Menino Jesus.

c) A fé, conhecimento de interioridade: crescimento espiritual

Esse estado tenebroso da fé não explica o estado habitual de comunicação com Deus, que constitui a luz da fé. Sobre a base da adesão penetrante no mundo da fé, na qual se encontra englobado, o crente é chamado a uma certa experiência interior desse mundo, fruto da presença do Espírito de Cristo: "Para vós, a unção que recebestes d'Ele, permanece em vós e vós não tendes necessidade de instrução; porque a sua unção vos instruiu totalmente e ela é verídica e sem mentira, conforme o que vos ensinou, permanecei n'Ele" (1Jo 2,27).

Aqui se reforça a causalidade recíproca da comunicação afetiva e da inteligível, o que nós temos encontrado sob a fórmula conversão–adesão. Do mesmo modo que se progrida no conhecimento de uma pessoa entrando no centro da sua personalidade pelo amor, o mesmo acontece no mistério cristão e, em particular, da caridade fraterna que se progredirá no conhecimento divino.

É preciso se guardar, lendo os escritos apostólicos, de atribuir à consciência intelectual todos os textos, onde está a questão do conhecimento. Na linha do Antigo Testamento, conhecer a Deus é pertencer a seu povo, fazer a sua vontade, confessar na sua presença o poder das suas obras. Conhece a Deus aquele que se converteu e vive em Cristo; uma afirmação de comunicação intelectual pela fé de conversão.

A adesão à fé, da qual nós estamos falando, tem logo uma vantagem em relevo do conhecimento, no sentido que nós estamos dando agora. Conhecimento de adesão e conhecimento de interioridade são unidos por partes opostas; a segunda constituindo uma perfeição da primeira, mais próxima daquilo que a linguagem filosófica chama de conhecer. Mas de todos os modos essa perfeição na ordem do conhecimento aprofunda as suas raízes na conversão e na vida cristã: a referência permanece aquela do Antigo Testamento, não a do intelectualismo filosófico.

A fé é, por uma parte, a perfeição definitiva do crente, uma vez que ela realiza a sua salvação e o une interiormente a Deus, antecipação daquilo que será na glória. Mas, ao mesmo tempo, a fé é imperfeição porque ela nos faz caminhar longe do Senhor. Tão longe que pode ir além da penetração do mundo da fé na alma do Senhor. Tão longe que pode ir além da penetração do mundo da fé na alma do crente. Diz São Paulo: "Hoje nós vemos como num espelho, duma maneira confusa, mas então será face a face. Hoje eu conheço duma maneira, mas depois conhecerei perfeitamente como eu sou conhecido" (1Cor 13,12). "Nós caminhamos na fé, não na luz da visão" (2Cor 5,7; Rm 8,24; Rm 11,33).

Entre a pura adesão e a visão situa-se o campo do conhecimento do crente. Observemos os raios luminosos dessa fé que conhece.

1. À falta de uma contemplação do mundo da fé a partir de uma visão de Deus, o crente pode tomar uma inteligência saborosa do conjunto do plano de salvação em Cristo. Para quem penetrou no mundo da fé, revela-se uma maravilhosa coerência, em que toda a realidade toma sua significação desejada.

E no centro, a pessoa de Cristo como poder do mundo e como revelação do amor infinito. É o que sonhava São Paulo: "Que o Cristo habite nos vossos corações pela fé; sede enraizados no amor e fundamentados nele, a fim de poder compreender com todos os santos qual é a largueza, o comprimento, a altura e a profundidade, e assim conhecer o amor de Cristo que está acima de toda compreensão" (Ef 3,17-19; Cl 2,2).

2. Como acontecia no Antigo Testamento, Deus se fez conhecer por meio de atos externos do seu poder. Agora se faz conhecer por meio de obras interiores de santidade em Jesus Cristo. O cristão experimenta o poder da ressurreição de Cristo sobre ele: tem consciência da energia misteriosa que dá de amar sobrenaturalmente; ele percebe uma presença de amor na sua vida e na vida da Igreja.

Como não relacionar o Cristo vivo e os seus dons, e esperar um contato imediato com Ele? Como um homem toma contato com a sua alma voltando o curso dos seus atos pessoais, cuja fonte é a vida? Escreve Paulo aos Filipenses (cf. 3,10-11): "Assim eu conhecê-lo-ei e o poder da sua Ressurreição, assim eu participarei dos seus sofrimentos, reproduzindo em mim a sua morte, na esperança de participar da sua Ressurreição dentre os mortos". O cristão fervoroso sabe realizar e emprega pouco a pouco a sua adesão ao credo, quando ele o relaciona com a experiência cristã no Espírito Santo.

3. Existe um terceiro modo de conhecer a fé: é o poder de contemplar sua vida no interior do mistério de Cristo e de julgar em consequência qual é a vontade de Deus, como um poder de discernimento espontâneo daquilo que é cristão e daquilo que não é. É o que escrevia São Paulo: "Nós pedimos que tenhais plena consciência da vontade de Deus em toda sabedoria e inteligência espiritual. Vós podereis assim levar a vida digna do Senhor e ser-lhe plenamente agradáveis" (Cl 1,9-10).

4.4 As idades da fé

Comentamos nos capítulos anteriores sobre a fé em estado adulto. Ora, a fé é um estado vivo que se desenvolve com a personalidade do crente. Não é em vão que Deus dá ao homem 30 anos para ele ter perfeito conhecimento de si mesmo e fixar suas escolhas. Cristo mesmo quis conhecer a idade dos homens. Não é a não ser na idade adulta que a fé se realiza plenamente, em todas as suas dimensões. Isso, de maneira alguma, quer dizer que a fé da criança ou a do rapaz é menos verdadeira. Apenas é inacabada! E quantos velhos não têm ainda a idade de criança em matéria de fé!

a) A fé da criança

A criança é, naturalmente, mais religiosa por temperamento. A fé é fácil para ela. Essa aptidão tem duas explicações psicológicas: a criança busca proteção e vive em completa dependência. Ela tem o senso do invisível e do simbólico. Duas características que a coloca em afinidade com o Sagrado. Por mais autêntica que seja a fé de uma criança, não será muito fácil para ela tornar-se sólida. Sua fé deve amadurecer. Deverá passar de uma ambiguidade sentimental para uma adesão firme à palavra de Deus e a Jesus Cristo, distinguindo mais claramente o mistério do mito.

b) A fé do adolescente

Ruptura com o mundo infantil e afirmação da sua autonomia, vitalidade humana exuberante, introspecção, racionalismo nascente: tais são os dados psicológicos subjacentes à fé do adolescente. Tal o fundamento da crise de fé que, geralmente, atinge o adolescente, tal como acontece na vida natural de todo rapaz.

A crise de laços de dependência humana (família, mestres, Igreja, formas de autoridade, religião de obrigação) torna possível um novo laço com Cristo, escolhido livremente, na medida em que esse laço apareça como personalidade.

O frenesi de viver do adolescente não é absolutamente pagão, ele se curva ao apelo do infinito. Ele o submeterá a Cristo, se souber que a fé o introduz no mundo da vitalidade e da eterna juventude de Cristo Ressuscitado: "a glória de Deus é que o homem viva".

A fixação introspectiva pode conduzir ao egoísmo, mas ela constitui também um fator possível de personalização e interiorização da fé. O racionalismo nascente em relação à fé será facilmente superado, se lhe apresentamos o mistério como realidade pessoal e a fé como um encontro de pessoas, não como uma aceitação de enigmas.

Sem contar que as dificuldades morais e o senso de culpabilidade que as acompanha, contanto que não se explore demais, abrem ao adolescente a expectativa de uma libertação interior, que lhe traga a fé.

Desse modo se levantou um novo edifício de fé sobre a crítica da fé infantil. Ela não é definitiva e já se vê quais amadurecimentos necessitará: passagem duma aceitação de Deus sob o sinal da afirmação humanística de si à uma submissão mais oblativa; passagem da alegria da fé e do seu sentimento à decisão sem romantismo, que liga à vida eterna; descobertas das dimensões comunitárias da fé, mas contrárias às suas dimensões pessoais. Mas o essencial é exatamente que a atitude de conversão a Cristo seja afirmada.

c) A fé do adulto

É a realidade e a dureza da vida descobertas pela consciência adulta que dão assalto contra a fé otimista e humanista do jovem. Através de crises, os amadurecimentos enumerados antes vão ser superados ou melhor vão se operar. Um certo número de purificações farão passar e ultrapassar as oscilações dos sentimentos da inteligência e de ações, que estavam ligadas à fé. Podemos caracterizar em três pontos a síntese da fé adulta:

1. Ela integrou o real humano. O homem sabe que deve abandonar sua juventude e que deve pensar na morte; ele experimenta o trágico no íntimo de sua existência, ele tomou consciência do seu pecado e tornou-se capaz de se aceitar realmente como é. Tudo isso o convida a uma dependência mais completa de todo o seu destino em face do Cristo no ato de fé.

2. A fé não mais se preocupa com sua proteção. Ela se sabe segura; não temendo a nada daquilo que é verdadeiro e real nos valores humanos, porque ela sabe não ser nem evasão, nem fraqueza. Uma grande paz a acompanha.

3. O crente adulto vive na fé, ao passo que o adolescente tinha a fé. Toda a sua vida toma como referência essencial o mistério do Cristo numa lucidez cada vez mais contínua, que eclipsa as referências humanas e a segurança das boas obras. Jesus Cristo tomou toda a sua transcendência, ao mesmo tempo que interioriza sua presença. As palavras de São Paulo aos Filipenses (cf. 3,7-10) ilustram esse ensinamento.

d) Maturidade da fé

Daqui por diante, o adulto não fará nada mais a não ser viver da fé. É preciso guardar a palavra e produzir frutos pela perseverança (cf. Lc 8,15). A fé se impregna mais e mais de esperança e torna-se fidelidade: entra-se totalmente nas bem-aventuranças promulgadas pelo Senhor. A ação apostólica se aprofunda, ela se torna menos dinâmica, mas mais dominante.

e) Crises da fé

Utilizamos várias vezes a palavra crise. Não tenhamos medo! Há crises de morte e crises de crescimento. A passagem crítica de uma fase da fé à outra será crise mortal, se na educação da fase fundamental falaciosamente sobre elementos ambíguos da fé infantil ou adolescente, não se deixar entrever a síntese interior, julgando assim eliminar todo risco. Todo crescimento tem seus riscos e os deve integrar positivamente.

A fé não escapa disso. Ela chega mesmo nesse estado a provocar rupturas que determinarão as crises, a fim de ligar a passagem à fé adulta. Muitos adultos vivem ainda, infelizmente, sob uma fé adolescente, quando não sob uma fé infantil. Acontece, porém, que a ação de Deus transpõe barreiras. Não é uma maravilha da graça de Deus que a maturidade da fé de certas crianças, como Santa Teresinha, em que a experiência da fé adiantou prematuramente uma experiência humana que ordinariamente a fé pressupõe?

Capítulo V

Desacordos com a fé

5.1 Incredulidade: descrença e infidelidade

Incredulidade, descrença, infidelidade: três palavras que exprimem uma realidade muito próxima. A incredulidade acentua a recusa em acreditar em Cristo. A infidelidade e a descrença designam o fato de não acreditar mais, ainda que seja por recusa involuntária; a descrença afasta ainda mais de Deus do que a infidelidade, que pode incluir o pagão religioso.

a) A recusa da fé

Todo Evangelho, segundo São João, está construído ao redor do drama, no qual se defrontam a luz e as trevas, a fé e a descrença. Esse drama, no qual está engajado o destino dos homens, continua a ser passado com respeito à palavra que anuncia o Senhor, como aconteceu diretamente à sua pessoa histórica.

Alguns se recusam a crer no Evangelho por motivos diametralmente opostos aos motivos que conduzem outros à luz. Motivos intelectuais imediatamente, mas que tomam o seu valor do fato de más e insuficientes disposições morais. É com o coração incrédulo no agnosticismo, cepticismo ou diletantismo, e uma atitude raramente simples, ainda que possa ser provisoriamente, em certos casos, uma verdadeira doença intelectual herdada de um meio pensante. "Se o nosso Evangelho permanece velado, ele não está velado a não ser para aqueles que se perdem, para os incrédulos, cujo deus desse mundo cegou o entendimento a fim de que não vejam resplandecer o Evangelho da glória de Cristo, que é a imagem de Deus" (2Cor 4,3-4).

Concretamente, é em face da pessoa de Cristo que se afirma a incredulidade. O que se supõe que ela tenha sido autenticamente anunciada e acompanhada de sinais: isso não acontece tão raramente como se pensa. A recusa será para a fé uma recusa ao anúncio exterior e uma indocilidade à Graça interna, que induz a acreditar, após ser ajudado a reconhecer os sinais.

O orgulho, a cegueira de uma liberdade soberana, o escurecimento produzido por uma vida sensual e mentirosa constituem causa de permanente incredulidade. Não se saberá exagerar a gravidade do pecado da incredulidade.

Na lista das primeiras pregações cristãs, que nos contam os apóstolos, um clima trágico envolve o anúncio da Boa-Nova porque o julgamento de Deus, que opera a salvação dos ouvintes, fica ligado, se eles não abrirem o seu coração. "Aquele que crer não será condenado", disse Jesus enviando os seus apóstolos (Mc 16,16; Mt 10,14; Lc 10,10; Jo 15,22; Ap 21,8).

Diz São João a razão dessa gravidade: "Aquele que acredita no Filho de Deus possui nele mesmo o testemunho de Deus, aquele que não acredita em Deus faz dele um mentiroso" (1Jo 5,10).

E mesmo que não se soubesse aderir a Cristo senão pelo Espírito Santo, aquele que se recusa a aderir a Cristo peca contra o Espírito Santo. É exatamente isso que faz o pecado da incredulidade ser semelhante ao pecado de blasfêmia contra o Espírito Santo, um pecado irremissível.

b) Incredulidade e tolerância

(cf. Lumen Gentium e Gaudium et Spes)

A incredulidade é coisa tão grave que a Igreja deve denunciá-la e proteger os indivíduos, barrando a propagação de correntes sociológicas, que lhe são desfavoráveis. Uma certa intolerância de princípios se encontra ligada à fé. O indiferentismo e o liberalismo dogmático não podem ser aceitos pelo crente. Mas como conciliar os direitos da verdade e o livre acesso à fé? Porque as atitudes fanáticas ou integristas são tão opostas como o liberalismo ao reino da verdadeira fé cristã.

Em sua oposição aos fatores de incredulidade, a Igreja tem certamente traduzido sua posição imutável em atitudes e práticas variáveis, com emprego de meios externos de coação, que ela usou em um contexto histórico de cristianismo, e que hoje parece-lhe cada vez mais como inadmissível e, finalmente, ineficaz.

Depois da Idade Média, em vários lugares, desenvolveu-se um senso de respeito às consciências, mesmo desgarradas, e uma atenção aos elementos subjetivos da verdade, que não se deve confundir com liberalismo, e que a Igreja aceitou. Em termos de Direito Canônico, ninguém pode ser forçado a adotar a fé católica (cânone 1351).

Continua em pé que os cristãos e a Igreja já têm uma obrigação de testemunho profético no meio do mundo pagão, sobretudo, nos casos de incredulidade combativa e perseguidora (1Pd 2,11-13). A afirmação de uma fé viva e uma evangelização vigorosa, mas não confundidas com um proselitismo de poder humano, constituem a melhor arma de combate contra a recusa de Deus. É preciso ficar em guarda porque as proteções institucionais não passam de coisas secundárias.

c) A credulidade: beatice

Ao mesmo tempo em que denunciamos a recusa à fé, denunciamos igualmente com a mesma gravidade a credulidade (beatice). Por uma espécie de vingança ao racionalismo, ela se desenvolve, consideravelmente, em nossos dias como já se desenvolvera no tempo da decadência da civilização grega.

Recusando sua aceitação ao Único e Verdadeiro Deus, procuram-se falsos profetas e falsas revelações sem exigência de conversão e com receitas de salvação. É a credulidade dos corações humanos religiosos, mas desagregando as personalidades, em que a palavra de Deus os expandiria na verdade. Não resta senão uma paródia da fé cristã e uma degradação dessa atitude religiosa, que faz a grandeza do homem. O apóstolo denunciava profeticamente esse mal: "Virão tempos em que os homens não suportarão mais a verdadeira doutrina, mas segundo as suas paixões, eles farão mestres para si mesmos e abandonarão a verdade para seguirem as fábulas" (2Tm 4,3-4).

Ao mesmo tempo em que Pedro opõe a fé a essas credulidades: "Não é por causa da fé em fábulas, habilmente inventadas, que nós vos fizemos conhecer o poder e o advento de Nosso Senhor Jesus Cristo, foi porque fomos testemunhas oculares da sua majestade" (2Pd 1,16; 1Jo 4,1; 1Cor 12,2-3; 1Ts 5,19).

d) Fé sem pregação: retidão moral

Todo aquele que invocar o nome do Senhor, escreve São Paulo aos Romanos, será salvo. Mas como invocar se não se acredita nele? Como acreditar em alguém se não se escuta falar nele? Como escutar se ninguém prega? (Rm 10, 12-15). Os incrédulos, dos quais viemos falando, escutaram a palavra e a recusaram.

Mas o que acontecerá aos infiéis negativos que não puderam escutar o Evangelho? E nós sabemos que não é necessário viver numa ilha selvagem, onde ninguém fala, para estar nesse caso. O caráter histórico dos meios, que levam a palavra e os sinais, não encontram somente seus limites no espaço, mas também nas estruturas sociais e psicológicas. Nós encontramos a cada dia homens que não recusaram o Evangelho porque não o escutaram: "Eles estão de boa-fé".

Ora, o texto de São Paulo, acima citado, como toda a Revelação, amarra estreitamente a fé e a salvação. E a Igreja não fez outra coisa que aceitar essa exigência: "porque é impossível, declara o Concílio Vaticano I, agradar a Deus sem fé (Hb 11,6), e ser agregado à sociedade dos seus filhos; a justificação não é possível a ninguém sem a fé, e ninguém obterá a vida eterna sem perseverar até o fim (Mt 10,22). Porque nós podemos satisfazer o dever de abraçar a verdadeira fé e nela perseverar com constância. Deus instituiu a Igreja por seu Filho Único e a dispôs com sinais visíveis que acompanham essa instituição de tal maneira que essa mesma Igreja pode ser reconhecida de todos como a Guardiã e Dispensadora da Verdade Revelada" (Denz. 1793).

Por outra parte, a Revelação nos ensina que em Jesus Cristo todos os homens estão chamados à salvação: "Deus, nosso Senhor, quer que todos os homens se salvem e cheguem ao conhecimento da verdade" (1Tm 2,3-4). "Nós colocamos toda a nossa esperança no Deus vivo, que é o Salvador de todos os homens, principalmente dos que creem." (1Tm 4,10; Rm 2,9-17).

Como conciliar essas afirmações de São Paulo em que não existe mais a questão de fé, com os precedentes que requeriam a necessária meditação da fé para a salvação? Essa pergunta fará grande dificuldade para quem aceita a fé em Cristo apenas como forma duma confissão dogmática explícita. Mas depois que nós aceitamos, como São Paulo, a fé de conversão, a de Abraão e a nossa, parece-nos normal ver na obediência ao testemunho da consciência moral uma certa fé inicial, princípio de uma conversão pela qual o não evangelizado gozará do mistério de salvação em Jesus Cristo. Quando São Tomás afirma que a dialética interna do primeiro ato da liberdade moral do homem implica um compromisso tão profundo ou no senso do seu egoísmo ou no senso de uma conversão ao outro, que ele se encontra justificado ou condenado diante de Deus (I-II-89,6), não concorda ele com o pensamento do apóstolo?

Essa fé, implicitamente cristã, coincide com aquela que nós vimos ser o estado de alma do homem religioso, aberto à palavra e aos sinais. Um homem descobriu-se e essa descoberta, sendo escrita na natureza, pode levar anos para se precisar a sério os atos humanos: ele se refere ao que está além do fenômeno moral, aos valores. Ele começa a ter uma atitude de verdadeira vida, de obediência à aspiração moral.

No comportamento humano desse homem, qualquer coisa é consistente, unificante, real para o mundo moral. Mas é qualquer coisa que não iguala a intencionalidade do movimento voluntário a ele mesmo: "O valor absoluto surge como uma inferência vivida como imanente aos valores, eles mesmos imanentes aos fenômenos morais, e, portanto, como o fundamento e a certeza da sua transcendência. Neste plano de existência, o homem não faz mais o que ele quer, ele não está mais voltado para si mesmo: ele experimenta a fidelidade e a infidelidade. É de ordinário pelo contato com os outros que concretamente se perceberá o essencial dessa fidelidade".

Para que uma vida humana seja assim, de modo consistente, apesar das fraquezas convertidas à verdade e atenta ao interagir da consciência, é preciso a moção da graça. A Revelação é dom exterior da palavra e graça interna de conversão à palavra. Aqueles que não escutaram a palavra ou pelo menos não tomaram posição em face do dom interior de Deus, consentiram ou recusaram. E pelo consentimento se instaura uma verdadeira comunicação com Deus invisível, mas presente.

Não importa mesmo absolutamente que seja identificado e nomeado aquele a quem se decidiu obedecer; e poderia mesmo acontecer que, vítima de prejuízos, rejeite-se o nome; porque o homem se revela em sua ação mais que em suas declarações. Permanece que, objetivamente, é pelo contato à fé da Igreja em Jesus Cristo que essa fé toma o seu valor salutar. Poderá continuar falando em religião natural, mas sabendo que a graça já é o artista da fidelidade profunda do homem a si mesmo; poderá continuar falando de infiéis, mas sabendo já que a expressão começou a ser contradita por um ato de fé. "E acontecerá que serás como o dia que segue à noite, sendo fiel a ti mesmo, serás fiel aos outros." (Hamelet).

5.2 Apostasia e Heresia

a) A apostasia

A apostasia consiste propriamente numa desconversão total. O apóstata é um renegado. De imediato, ele trata de negar as afirmações da fé. Mas é evidente, sabendo ele o que é a fé, que a negação intelectual não existe de ordinário sem uma negação moral. A Tradição é severíssima para com a apostasia: "Se após terem escapado às sujeiras do mundo pelo conhecimento do Senhor e Salvador Jesus Cristo, eles se deixam vencer e levar de novo, o seu estado final se torna pior do que o primeiro. Melhor seria para eles não terem conhecido a luz da justiça do que terem conhecido e tornado atrás aos mandamentos que lhes tinham sido transmitidos" (2Pd 2,20-21). E São Paulo: "Se nós perseverarmos, nós reinaremos, se o renegarmos, Ele nos renegará" (2Tm 2,12; cf. Denz.1794 e 1815).

Uma questão permanece ainda posta pela consideração mesma da afirmação conciliar. É a questão dos homens que chegaram ao conhecimento da única e verdadeira fé sob o magistério da Igreja. É evidente que um tão grande número de batizados não receba mais a catequese suficiente e não participe tão plenamente da vida da Igreja para preencher essas condições. Considerar-se-á como apóstatas todos esses batizados, que professam a descrença ou indiferença positiva, mas que tiveram uma vez a fé verdadeira? Do ponto de vista canônico, a Igreja já os condena como tais, mas não se pronuncia diante de um ato no qual se mistura a responsabilidade pessoal e a responsabilidade social.

b) A heresia

O herético faz escolhas no objeto complexo da adesão cristã; ele pretende se confiar a Cristo e acreditar em sua palavra, tais como apresenta o magistério carismático da Igreja. Vê-se facilmente o que constitui o pecado de heresia: se o essencial da fé consiste numa união ao espírito de Deus, que se revela àquele que escolheu, constitui-se juiz da verdade de salvação com o mesmo título que o espírito. É suficiente que sobre um ponto sua recusa de aderir seja formal para que toda a sua fé em si mesmo seja como sua fonte de luz. Quem és tu, ó homem, para julgar os segredos que te dá o teu Deus?

Essa gravidade fundamental da heresia tem dupla ruptura com a comunidade dos fiéis: porque é pela fé que a Igreja é uma e é em vista de salvaguardar essa preciosa unidade na fé que o Senhor fundou a Igreja. Nós vimos a intransigência da Igreja e quais os seus motivos: Vat. ID. 1798 e 1817.

A fé é uma, mas a heresia é múltipla, tal é o tipo racionalista, tal é o tipo místico, tal é aquele que rejeita um dogma fundamental, tal outro que se opõe a um elemento secundário do Credo.

Mas nessas variedades, que é característico, há a mistura de motivo humano e divino da fé. Diz São João: "Todo aquele que não fica na doutrina de Cristo não possui a Deus" (2Jo, 9).

5.3 O formalismo da fé

Ao longo de todo o nosso estudo, a fé nos apareceu como solidária, um comportamento total do crente. Sua junção à caridade fraterna, ela mesma resumida de toda prática cristã (Rm 13, 9-10), constitui uma condição necessária da sua plenitude porque a fé opera pela caridade (Gl 5, 6) e o justo vive da fé (Rm 1,17).

A experiência dos crentes confirma que a coerência da conduta cristã condiciona a vida de fé e o seu progresso. Todo pecado é finalmente pecado contra a fé, por inatenção, falta de lucidez atual ou por colocá-lo entre parênteses. Não é grande ilusão pretender intensificar a sua fé ou simplesmente a guardar, não a obedecendo na prática. Pouco a pouco, a fé se tornará abstrata, o mundo da fé perderá o seu realismo e a sua luminosidade: doença e fé.

Pergunta-se ser a fé de um crente que não se preocupa a não ser de coisas terrestres e que vive habitualmente no egoísmo, todavia, mantendo-se adepto da ortodoxia. Na linha dessa fé viva, que para ele é puramente e simplesmente a fé cristã, os autores apostólicos nos inclinariam a pensar que aí não existe nada que se pareça com a fé. "Que serve para alguém dizer que tem fé se ela não tem obras? A fé poderá salvá-lo? Se um irmão ou uma irmã estão nus, se lhes falta o pão de todo dia, e que um de vós lhe diz: 'Vá em paz, aqueça-se, farte-se', sem lhe dar nada do que o seu corpo tem necessidade, para que serve isso? Assim acontece com a fé: se ela não tem obras, ela é bela e bem morta. Poder-se ia mesmo dizer: Ah! Tu tens a fé e eu tenho as obras... Mostra-me a tua fé sem as obras; para mim é pelas minhas obras que eu te mostrarei a minha fé" (Tg 2,14-18).

É, portanto, para refletir se a fé está morta. Não existe apostasia porque não se colocou contra a palavra de Deus. Estão readaptados ao mundo e não resta nada da fé a não ser a afirmação da verdade ortodoxa, uma afirmação sem comunicação de uma objetividade total (os teólogos perguntam a si mesmos se ainda é possível).

Os teólogos perguntam a si mesmos se podem ainda chamar fé esse resíduo intelectual e qual sua real natureza. Nós não nos demoraremos sobre esse estado monstruoso da fé cristã. Mantenhamos somente a posição firme da Igreja, segundo a qual, pois por mais anormal que seja esse estado, ele constitui ainda um dom de Deus; e o seu ato pelo qual o homem consentindo e cooperando com a graça e a qual ele pode resistir, presta de Deus uma livre obediência, é um ato que leva à salvação (D. 1791, 1814, 797).

Uma tal fé não subsistindo senão numa precariedade móvel e perigosa ou no hábito, sofre de uma contradição interna que a menos de uma inquietude e de um desejo de reconversão a faz caminhar para a sua extinção, para uma apostasia consumada pouco a pouco, sem ruptura brusca, num lento obscurecimento do coração.

Conclusão

A fé deve viver; ela deve se aprofundar. Esse aprofundamento se realizará por três meios conjuntos. O primeiro é a oração, que constitui com a fé um círculo vital: pela oração, a fé se torna penetrante, ela se unifica e se enraíza no fervor.

O segundo é o estudo da palavra de Deus na Escritura, na vida da Igreja: a fé deve ser esclarecida tanto quanto se possui uma cultura profana vasta.

O terceiro, mais ou menos necessário conforme os crentes e segundo os períodos, é o reforço pelo estudo e pela vida dos motivos humanos, que acompanham a adesão: trabalho de unificação que aproveitará grandemente aos dois motivos precedentes.

Tudo isso concorrerá para aprofundar a intensidade da adesão ao compromisso da fé. "Todo aquele que nasceu de Deus é vencedor do mundo e a vitória que vence o mundo é a nossa fé" (1Jo 5,4).

Biografia

Pe. Lauro José Masserani

Faleceu nosso querido padre Lauro, Missionário Redentorista, pároco de Nossa Senhora da Esperança, da Região Episcopal Belém, na madrugada do dia 20 de abril de 2008. Havia completado 68 anos no último dia 11 de abril, com seus confrades e Dom Pedro Luís Stringhini, bispo auxiliar de São Paulo, Região Belém. A morte chegou-lhe como um ladrão, pegando a ele próprio e a todos os paroquianos de surpresa.

Na madrugada do dia 17 de abril sentiu-se mal. Levado imediatamente pelo Pe. Cláudio para o Hospital do IVA, na vizinhança, logo foi sedado porque havia sofrido um infarto dos mais violentos. No final do dia, deu entrada na UTI do Hospital Santa Bárbara e até a manhã do domingo travou-se uma luta para que padre Lauro reagisse e pudessem ser feitas as intervenções necessárias. Não foi o que Deus desejava para ele. Já havia encerrado sua missão, carregando ainda consigo muitos sonhos.

Amou profundamente o Jardim Sinhá, o seu povo simples, o seu mundo de contrastes sociais e religiosos, e todas as demais comunidades que constituíam sua paróquia. Realizou muitas obras de melhoria dos lugares de culto e de reunião das comunidades. Sempre entusiasta, sempre ansioso e esperançoso, fez de Nossa Senhora da Esperança o seu lema missionário. Vivia repetindo: "Muito bom", "Coragem, bom povo", convocando continuamente a todos a realizarem algo a mais.

Viveu apressado e morreu apressado, mas deixando marcas profundas no coração do povo, a quem costumava cumprimentar e brincar pelas ruas. Na missa de despedida, na manhã do domingo, uma multidão chorava e o aclamava, não querendo acreditar que já havia partido para a Casa do Pai. Transportado para sua terra natal, Tietê (SP), novamente foi acolhido com muito carinho pelo seu povo, tendo sido enterrado no cemitério local. Foi ocupar a sua morada preparada por Jesus na certeza de que combateu o bom combate, terminou sua carreira e guardou a fé, o otimismo e a esperança. Que o Senhor lhe conceda agora a coroa dos justos. Descanse, finalmente, em paz, padre Lauro!

Padre Lauro nasceu no dia 11 de abril de 1940, na Fazenda Santa Maria, no Bairro de São João, em Tietê. Seus pais: Donato Masserani e Santina Tomazela. Foi batizado no dia 19 de maio do mesmo ano, na Matriz da Santíssima Trindade, em Tietê.

No dia 16 de fevereiro de 1951 entrou para o Seminário Santo Afonso, que funcionava no "Colegião", em Aparecida (SP), onde fez o curso preparatório. O curso ginasial e o curso colegial foram realizados no atual prédio do Seminário Santo Afonso.

Durante o ano de 1959 fez o Noviciado em Pindamonhangaba (SP) e se consagrou a Deus como Missionário Redentorista no dia 2 de fevereiro de 1960, em Aparecida. Realizou os estudos de Filosofia e Teologia no Seminário Maior Santa Teresinha, em Tietê (1960-1965). A Profissão Perpétua aconteceu também em Tietê, no dia 2 de fevereiro de 1964. Recebeu a Ordem do Diaconato no dia 31 de outubro de 1965, em Tietê, ministrada por Dom Melhado Campos, bispo auxiliar de Sorocaba (SP). Foi ordenado presbítero no dia 27 de dezembro de 1965, em Tietê, por Dom José Carlos de Aguirre, bispo de Sorocaba.

Em fins de 1966 deixou o Seminário Maior, sendo transferido para o Seminário Santo Afonso, como professor. Foi também vice-diretor. Aí ficou até o fim de 1971. No ano de 1972 entrou para a equipe de Missões Populares Redentoristas, indo morar em Araraquara (SP).

Fez o 2º Noviciado da sua Congregação, de caráter pastoral, morando em São João da Boa Vista, no 1º semestre de 1973. No 2º semestre foi transferido para Tietê como integrante da equipe de Missões Populares. Em 1976 foi novamente transferido para Araraquara, na equipe de Missões Populares. No ano de 1977 e no primeiro semestre de 1978 estudou Pastoral, em Medellín, na Colômbia, com especialização em Comunicações, no Instituto Pastoral do CELAM.

Ao retornar da Colômbia, no segundo semestre de 1978, recomeçou suas atividades nas Missões Populares, residindo em Araraquara e Tietê. No 2º semestre de 1988 foi para a Bélgica estudar no Instituto *Lumen Vitae*, de Bruxelas, onde fez o curso de Catequese e Análise Social. Ao regressar ao Brasil, em 1990, reassumiu os trabalhos nas Missões Populares, integrando as equipes missionárias que moravam em Tietê e Araraquara.

A partir de 2003 iniciou uma nova experiência em sua vida, quando sua Congregação assumiu a responsabilidade pela Paróquia Nossa Senhora da Esperança, Região Belém, em São Paulo, e o indicou como pároco e superior da comunidade. Mergulhou para valer nessa nova missão até o último dia da sua vida.

Breve Histórico da Paróquia Nossa Senhora da Esperança

1. Origem

A Paróquia Nossa Senhora da Esperança nasceu do desmembramento da Paróquia-Santuário de Nossa Senhora de Fátima e São Roque, dos frades capuchinhos. Devido ao crescimento dos bairros e pelo fato de os frades capuchinhos já não disporem de mais pessoal para atender toda a área, fazia-se necessária a criação de uma nova paróquia que a Arquidiocese deveria assumir e encontrar novos responsáveis.

Houve momentos de tensão entre os capuchinhos e a Mitra. O governo provincial capuchinho chegou a fazer uma divisão mais racional dos limites de hoje, mas algumas leigas da comunidade Imaculada Conceição, lideradas pela Dona Georgina, enfrentaram o Provincial e D. Décio cedeu. E hoje nossa paróquia aguarda uma futura nova reestruturação.

Enquanto isso, os líderes leigos foram improvisando, fazendo o que podiam. Chamavam padres e seminaristas para seus cultos dominicais. Os líderes ofereciam cursos, os mais originais possíveis. A população crescia vinda de todos os cantos do Brasil. E o povo queria rezar, participar, ter sua comunidade. Dessas necessidades nasceram nossas comunidades. Essa é também a razão de cada comunidade ter seu "modelo" de Igreja. A estrutura física das construções não teve um bom planejamento, da mesma forma o local da construção parece não ter sido bem escolhido; hoje as comunidades padecem de melhor estruturação que só poderá ser resolvida com uma boa reforma.

A nova Paróquia foi criada no dia 15 de agosto de 1999 e constava de sete comunidades: Imaculada Conceição, Maria de Nazaré, Nossa Senhora da Esperança, Sagrada Família, Nossa Senhora das Dores, Nossa Senhora Aparecida e São José.

Dentro do sistema pastoral da época, não havia uma igreja paroquial, embora um escritório paroquial funcionasse na igreja da Imaculada Conceição. Tudo era considerada área pastoral com grande autonomia de cada comunidade. Inicialmente assumiu como administrador paroquial o sacerdote palotino, padre Antonio Naves.

No dia 28 de fevereiro de 2003, a Paróquia foi confiada aos Missionários Redentoristas, tendo o padre Lauro Masserani como pároco e o padre Gervásio Fabri dos Anjos e o Diácono Edivaldo Arildo Moreira como vigários paroquiais. Logo de início, os Redentoristas tomaram a decisão de constituir a igreja Nossa Senhora da Esperança como igreja-matriz. É a comunidade mais inserida no meio do povo pobre do, até então, mal afamado Jardim Sinhá.

2. Datas importantes

2.1 Ereção Canônica da Paróquia: 15 de agosto de 1999, com a presença de Dom Cláudio, o frei Policarpo e o padre Antonio Naves, palotino, que assumiu como administrador, como é o costume na diocese. A sede paroquial era a comunidade Imaculada Conceição. O terreno dessa comunidade foi adquirido no dia 17 de dezembro de 1980.

Da esquerda para a direita: Pe. Ulysses, Pe. Lauro e Pe. Cláudio

2.2 Quando iniciaram-se as comunidades?

— Maria de Nazaré: 23 de agosto de 1976.

— Nossa Senhora da Esperança: 14 de agosto de 1980.

— Sagrada Família: 22 de maio de 1981.

— Nossa Senhora das Dores: 27 de maio de 1981.

— São José: 28 de setembro de 1983.

— Nossa Senhora Aparecida: 29 de julho de 1996.

NB: Essas são as datas oficiais que se acham nas escrituras e documentos de posse. Lembre-se que das três comunidades que se acham no antigo Sinhá, hoje Parque Bancário, a Mitra é apenas "possuidora".

No dia 28 de fevereiro de 2003, em uma das salas da creche Emília, Dom Pedro Luís apresentou os Redentoristas como responsáveis pela paróquia Nossa Senhora da Esperança. Era noite. Sala cheia das lideranças. O padre Lauro José Massarani, apresentado como administrador, e os confrades, padre Gervásio Fabri dos Anjos e o Diácono Edivaldo Arildo Moreira, como vigários. A sede estava transferida. Os padres morariam nas dependências da creche, gentilmente cedidas pelas irmãs.

O padre Lauro já dormiu na nova casa. Daí para frente procurou dar rosto de Igreja para a reconstrução da comunidade Nossa Senhora da Esperança. Teria de ter "cara" de "igreja-mãe".

Como as Irmãs chegaram ao Jardim Sinhá?

Até dezembro de 1979, nós, as Irmãs Terezinha de Lourdes Bosco, Marilda de Camargo e Maria de Lourdes Toledo da Silva, pertencentes à Congregação Religiosa Irmãs da Providência, vivíamos em colégios particulares como professoras e administradoras. Nas paróquias ajudávamos nas pastorais e obras sociais.

Na década de 1970, período pós-conciliar, a Igreja estava em-penhada em se fazer presente na periferia. Dom Paulo Evaristo Arns, arcebispo de São Paulo, e Dom Luciano Mendes de Almeida, bispo auxiliar da Região Belém, convocavam religiosos e religiosas para um trabalho pastoral junto a essa população mais sofrida. O povo vivia em favelas, onde faltava quase tudo. Muitos aceitaram o convite, assim como nós.

Da esquerda para a direita: Ir. Marilda, Ir. Terezinha e † Ir. Lurdinha

Como as Irmãs chegaram ao Jardim Sinhá?

Viemos em janeiro de 1980 para a região de Sapopemba e fo--mos morar em sete irmãs no Parque São Rafael, engajando-nos nas diversas pastorais com outros agentes da paróquia.

"Eu tenho um bairro que precisa muito de irmãs", dizia-nos Dom Luciano. Esse lugar a que ele se referia era o Jardim Sinhá. Ao aceitarmos o convite, Dom Luciano nos enviou, abençoou-nos e nos colocou sob a proteção de Nossa Senhora. Marilda e eu, Terezinha, fomos conhecer o lugar.

A realidade

Um imenso bairro: seiscentos mil metros quadrados. Terras griladas, na mais absoluta pobreza, extrema vulnerabilidade, sem a mínima infraestrutura, sem escolas; crianças nas ruas em meio aos perigos e à violência. A situação do povo, tendo saído a pouco de uma reintegração de posse, era preocupante.

Caminhando pelas ruas, rezávamos. Pedindo a luz de Deus, dizíamos: "Só o Espírito de Deus pode transformar este lugar". E Ele transformou! Bendito seja Deus!

Assim como Josué, sentimos o chamado e experimentamos a força, o amor, o carinho e a proteção de Deus: "Eu estarei com você!" (Js 1,5).

A RUA, NOSSO ESPAÇO para tudo. O início não foi fácil! Começamos reunindo as crianças para brincar, conversar, rezar, fazer recreação, reforço escolar. O barranco servia de mesa para estudar. Celebrações no meio da rua aos domingos. Depois de oito meses nos cederam um pequeno barraco 3x4, onde realizávamos nossos encontros: catequese, preparação para o batismo. Missa uma vez por mês. Havia um grupo fiel em todas as reuniões para conversar sobre melhorias, participação, nossos projetos.

Conseguimos que a Cúria Metropolitana comprasse o terreno para a construção de um salão/igreja para abrigar a criançada e assim educá-la.

A Fé

Era o começo da PASTORAL DO MENOR. O grande sonho de Dom Luciano e o nosso era que a criança tivesse um lugar grande e bonito, onde pudesse ser acolhida e amada; ter voz, vez e lugar; fosse alimentada e se sentisse feliz e protegida. Era o nascimento dos centros educacionais.

NASCE A COMUNIDADE

Grande alegria! Por eleição foi escolhido o nome: NOSSA SENHORA DA ESPERANÇA, que resumia todos os nossos sonhos e os do povo: vida mais digna e esperança.

No dia 4 de outubro de 1980 iniciamos os alicerces da obra. Foi um desafio: a primeira construção grande, de alvenaria, no bairro. Tivemos ajuda desta e de outras comunidades nos mu-tirões. Em três meses, o salão estava levantado e coberto, con-forme o tamanho das telhas doadas por outra paróquia.

A inauguração

No dia 24 de dezembro do mesmo ano (1980) era celebrada a primeira Missa de Natal, no Jardim Sinhá, e inaugurada, por Dom Luciano, a tão sonhada e esperada igreja Nossa Senhora da Esperança. Entre o nosso povo, muitos convidados de toda a Região Belém lotavam o espaço. Padres, irmãs, lideranças de comunidades e movimentos. Dia memorável!

Dom Luciano acompanhou passo a passo a vida dessa comu-nidade e estava radiante, pois essa era a realização de um grande sonho. Uma bênção de Deus!

No dia seguinte, Dom Luciano nos fez uma grande surpresa: ele trouxe Dom Paulo Evaristo para conhecer a nova comunidade. Chamamos todos os vizinhos, e o arcebispo abençoou a igreja e o povo, profetizando: "Será uma bênção e tudo vai melhorar".

Relatado por Irmã Terezinha de Lourdes Bosco (maio de 2010)

Oração a Nossa Senhora da Esperança

"Dulcíssima Esperança, meu belo amor, Maria"
(Santo Afonso Maria de Ligório)

Senhora da Esperança

Tua alegria era fazer a vontade do Pai.
Tua vida era estar atenta às necessidades dos outros.
Intercedei por nós!
Quando nossa fé vacila.
Quando somos tentados a desesperar.
SENHORA DA ESPERANÇA, intercede por nós!
Quando fechamos o coração.
Quando consentimos à injustiça.
SENHORA DA ESPERANÇA, intercede por nós!
Quando parece ser difícil seguir teu Filho.
Quando nos cansamos de fazer o bem.
SENHORA DA ESPERANÇA, intercede por nós!
Quando o não se antecipa ao nosso sim leva-nos
a JESUS CRISTO, nossa esperança.
Amém.

Cânticos a Nossa Senhora da Esperança

1. Senhora da Esperança

1. Senhora da Esperança, o povo te saúda! Com grande confiança, hoje pede a tua ajuda.

Senhora da Esperança, ó Mãe de Deus criança.
Protege o nosso povo com teu grande amor!

2. Senhora da Esperança, divina padroeira. És mãe que não se cansa de ser nossa medianeira.

3. Senhora da Esperança, não olhas cor nem raça. Por ti o povo alcança todo o bem, toda a graça.

2. Mãe da nossa esperança

(Pe. José Ulysses, CSsR)

1. Maria, tens em teus braços a nossa grande Esperança: Jesus, teu Filho bendito, Amor que nunca se cansa.

És Mãe da nossa Esperança,
Esposa do Amor criador.
És Mãe, que tudo alcança pra nos levar
ao Senhor. (bis) (Pe. Ulysses)

2. Em tuas mãos sempre abertas pousa o Espírito Santo. Que realiza as promessas e enxuga o nosso pranto.

3. Somos teu povo querido, que te venera e festeja: és a nossa Padroeira, nos unes numa só Igreja.

A vida do padre Lauro em fotos

Salão em homenagem a Padre Lauro

Bênção do Salão padre Lauro por Dom Pedro Stringhini, bispo auxiliar da arquidiocese de São Paulo entre 2001 e 2009 na região episcopal Belém

PARÓQUIA N. SRA. DA ESPERANÇA

A Fé

Dom Luciano Mendes de Almeida, Bispo episcopal da região Belém

A Fé

Reforma da Matriz
O sonho do padre Lauro realizado

A Fé

A Fé

A 20m

A Fé

A Fé

A Fé

A Fé

A Fé

NOSSA Sra. da ESPERANÇA

A Fé

A Fé

"A Esperança é para nós igual âncora da Vida, segura e firme." Hebreus 6,19

Não queremos transformar o Padre Lauro em um santo, mas sim mostrar que a santidade é um caminho a ser trilhado todo dia, e o que nos sustenta é a fé em Nosso Senhor Jesus Cristo.

Lauro foi o grande Missionário e ficou quase 40 anos entre missão e estudos. Tinha um estilo de missionário tradicional e também com um jeitão italiano, porém estudou em duas grandes escolas missionárias que valorizavam o laicato, a pastoral e a atuação do leigo na Igreja. Seus primeiros estudos complementares foram na grande escola de Medellín, na Colômbia, com especialização em Comunicações, no Instituto Pastoral do CELAM, e, na Bélgica, no Instituto "Lumen Vitae", de Bruxelas, fez o curso de Catequese e Análise Social. Todo esse estudo serviu como base para seu retorno à frente da missão, de forma permanente, e também para a pastoral urbana. E foi lá, no famoso Jardim Sinhá (lugar muito querido de Dom Luciano Mendes de Almeida), atual Parque Bancário, onde fez sua terceira escola, colocando em prática seus estudos e sua experiência missionária. Com seu jeitão italiano de falar e de ser, conquistou aquele povo e o motivou a mostrar a fé como base para resistir e superar as dificuldades.

A Fé

Não teve vergonha de mostrar a Igreja, por meio de procissões, nas ruas e vielas. Como sempre dizia: "Ô gente boa, vamos que vamos...", por isso gostava tanto da passagem do Evangelho de São Mateus 20,1-16, e ficava incomodado com muitos que estavam parados nas esquinas, principalmente aqueles que haviam perdido a esperança. Ele os motivava a de novo crer e confiar por meio, principalmente, do trabalho. Lauro foi uma grande escola de motivação, esperança, organização e caridade. Ele muito incentivou o trabalho com a juventude, pois acreditava na força transformadora do jovem.

Também tinha um cuidado especial com o sagrado, e o amor pela Eucaristia levou a comunidade paroquial a um zelo, uma devoção e adoração a Jesus vivo e vencedor. Ele sempre dizia: "Para um grande pecador, há um grande Salvador e Redentor". Seu amor a Maria e sua devoção a ela era motivador e nos lembrava que a devoção mariana nos aproxima do grande mistério da fé, que é a Encarnação do Filho de Deus, pois por ela nos veio o Salvador.

Que este livro ajude todos a amadurecer, viver, compreender, fortalecer e aumentar a Fé. Assim: "Que Cristo habite pela fé em vosso coração e, assim, enraizados e consolidados no amor..." (Efésios 3,17).

Pe. Cláudio Anselmo, C.Ss.R.